PLANETA ANIMAL

# LA RANA

POR VALERIE BODDEN

CREATIVE EDUCATION • CREATIVE PAPERBACKS

Publicado por Creative Education
y Creative Paperbacks
P.O. Box 227, Mankato, Minnesota 56002
Creative Education y Creative Paperbacks son marcas
editoriales de The Creative Company
www.thecreativecompany.us

Diseño de The Design Lab
Producción de Rachel Klimpel
Dirección de arte de Rita Marshall
Traducción de TRAVOD, www.travod.com

Fotografías de Corbis (Gallo Images), Dreamstime (Alex
Bramwell, Alslutsky, Clearviewstock, Edwin Butter, Isselee,
Lukasz Tymszan, Photowitch), Getty (MediaProduction),
iStock (ABDESIGN, spxChrome, Watcha), National
Geographic Creative (George Grall, Thomas Marent /
Minden Pictures), Shutterstock (Javi Roces), SuperStock
(Minden Pictures)

Library of Congress Cataloging-in-Publication Data
Names: Bodden, Valerie, author.
Title: La rana / by Valerie Bodden.
Other titles: Frogs. Spanish
Description: Mankato, Minnesota: Creative Education/
Creative Paperbacks, [2023] | Series: Planeta animal |
Includes index. | Audience: Ages 6–9 | Audience: Grades
2–3 | Summary: "Elementary-aged readers will discover
how tadpoles grow into frogs. Full color images and clear
explanations highlight the habitat, diet, and lifestyle of these
fascinating creatures"—Provided by publisher.
Identifiers: LCCN 2022007746 (print) | LCCN
2022007747 (ebook) | ISBN 9781640266919 (library
binding) | ISBN 9781682772478 (paperback) | ISBN
9781640008328 (ebook)
Subjects: LCSH: Frogs—Juvenile literature.
Classification: LCC QL668.E2 B518518 2023 (print)
| LCC QL668.E2 (ebook) | DDC 597.8/9—dc23/
eng/20220218
LC record available at https://lccn.loc.gov/2022007746
LC ebook record available at https://lccn.loc.
gov/2022007747

# Tabla de contenidos

*La rana de musgo vive en el país asiático de Vietnam.*

La rana es un anfibio. Los anfibios son animales **de sangre fría** que pasan una parte de su vida en el agua y otra en tierra firme. Hay más de 5.000 tipos de ranas.

**de sangre fría** animales cuyos cuerpos siempre están a la temperatura del aire que los rodea

*Las ranas pueden ser de muchos colores diferentes.*

# La rana tiene una cabeza ancha y aplanada con ojos saltones. Sus patas traseras le ayudan a brincar. Las ranas que nadan tienen patas **palmeadas**. Las ranas arborícolas tienen almohadillas pegajosas en los dedos que les permiten trepar. Los sapos son un tipo de rana. Tienen la piel seca y rugosa.

**palmeada** con los dedos unidos por trozos de piel

La rana más pequeña es más chica que tu uña. Pero la rana más grande puede llegar a medir hasta 35 pulgadas (88,9 cm) de largo. ¡Puede pesar tanto como un bebé humano recién nacido!

*La rana kambó llega a medir hasta cinco pulgadas (12,7 cm) de largo.*

*Algunos tipos de ranas toro se esconden bajo la tierra cuando el ambiente es frío o seco.*

Las ranas viven en todas partes del mundo, excepto en la Antártida. Algunas ranas viven en **selvas tropicales** o en lagos y ríos. Otras, viven en las **montañas** o en desiertos cálidos y secos.

**montañas** cerros muy grandes hechos de roca

**selvas tropicales** bosques con muchos árboles y mucha lluvia

*La saliva de la rana hace que su lengua sea pegajosa.*

La mayoría de las ranas comen insectos. Pero también pueden comer culebras, ratones, aves y peces. La rana caza a su **presa** con su lengua larga y pegajosa. Después, jala a la presa hacia su boca.

**presa** animal que otros animales matan y comen

*A los renacuajos se los pueden comer los peces, las aves u otros animales.*

La mayoría de las hembras ponen huevos en el agua, o cerca de ella. Los renacuajos salen de los huevos. Tienen cola y no patas. Respiran a través de **branquias**. Después de unas semanas, los renacuajos desarrollan patas y **pulmones**. Al volverse adultos, pierden la cola. La mayoría de las ranas vive de tres a seis años en la naturaleza.

**branquias** aberturas en la piel del renacuajo que le permiten extraer aire del agua

**pulmones** partes del cuerpo usadas para respirar aire

Las ranas pasan parte del día calentando sus cuerpos al sol. Si sienten mucho calor, tal vez se vayan a la sombra o al agua para refrescarse. La mayoría de las ranas están más activas por la noche.

*Los colores y patrones oscuros de algunas ranas hacen que sean difíciles de encontrar.*

¡Las ranas pueden ser ruidosas! Algunas croan, gorjean o silban. Otras hacen zumbidos, murmullos, chirridos o graznidos. Los machos hacen ruidos para llamar a las hembras o para advertirles a otros machos que se alejen. Algunas hembras también pueden hacer ruidos.

*Los machos pueden tener un saco vocal para emitir sonidos fuertes.*

# Mucha gente tiene ranas como mascotas. A otros les gusta ver a las ranas en la naturaleza o en zoológicos. ¡Es divertido observar a estos animales saltarines!

*La rana tiene párpados especiales que protegen sus ojos.*

## Un cuento de la rana

En Australia, la gente contaba una historia de por qué las ranas croan. La rana se creía la mejor cantante del mundo. Ella creía que su música era tan bonita que podía hacer que la luna bajara del cielo. Cada noche, la rana le cantaba a la luna. Pero la luna ni se enteró. Una noche, la rana cantó tan alto que se quedó sin voz; solo pudo croar. Desde entonces, croa.

# Índice